MW00980195

まりーちゃんのくりすます

文・絵　フランソワーズ

訳　与田準一

岩波書店

ふゆです。
ゆきが　ふりました。
まりーちゃんは
いいます、
しろい　ひつじの
ぱたぽんに。
「もうすぐ　**くりすます**よ、
わたし　とっても
うれしいわ、**ぱたぽん**。」

ぱたぽんは　ききます。

「**くりすます**ですって？
わたし　しらないわ。
くりすますの　こと
わたしに　おしえて、
まりーちゃん。」

「きいて、**ぱたぽん**。」
まりーちゃんは　いいます。

「**くりすます**ってね、
ちいさな　**いえす**さまが
おうまれに　なった　日(ひ)よ。」

「**くりすます**には
すばらしいことが　あるわ。
もしも　**ぱたぽん**が　おりこうに　していると、
さんたくろーすが
ぷれぜんとを　もってくるわ。
さんたくろーすは　よなかに　やってくるの。
だれにも　みられないように、
まったく　だあれにもね。
わたしが　木のくつを
だんろの　そばに　おいとくと、
さんたくろーすは、
ぷれぜんとを　いっぱい
いれといてくれるのよ。
まっててごらん、**ぱたぽん**。」

ぱたぽんは　とびはねます、

きんちゃいろの　ほしくさの　なかで。

ぱたぽんは　いいます。

「わたしには　四(よっ)つの　ちいさな

くろい　くつが　あるわ。

でも　わたしの　くつは

ぬぐことが　できません。

だから　だんろの　そばに

おくことも　できません。

さんたくろーすは

くりすますの　**ぷれぜんと、**

わたしには　おいてかないわ、　**まりー**ちゃん。」

1
2
3
4

「**ぱたぽん。**」

まりーちゃんは　いいます。

「おまえは　どう　おもう、

さんたくろーすは　わたしに

なにを　もってきてくれると　おもう?

たぶん、ちいさな　白(しろ)いほしが

いっぱい　ついた、一(いち)まいの

すてきな　赤(あか)い　**すかーふ**だわ、

ぱたぽん。」

ぱたぽんは　こたえます。

「ええ、あなたは　一まいの
あたらしい、赤い　すてきな
すかーふが　もらえるでしょう。
でも　わたしは
くつを　ぬぐことが　できません。
だんろの　そばに
おくことも　できません。
だから　**さんたくろーす**は
くりすますの　**ぷれぜんと**、
わたしには　おいてかないわ、**まりーちゃん**。」

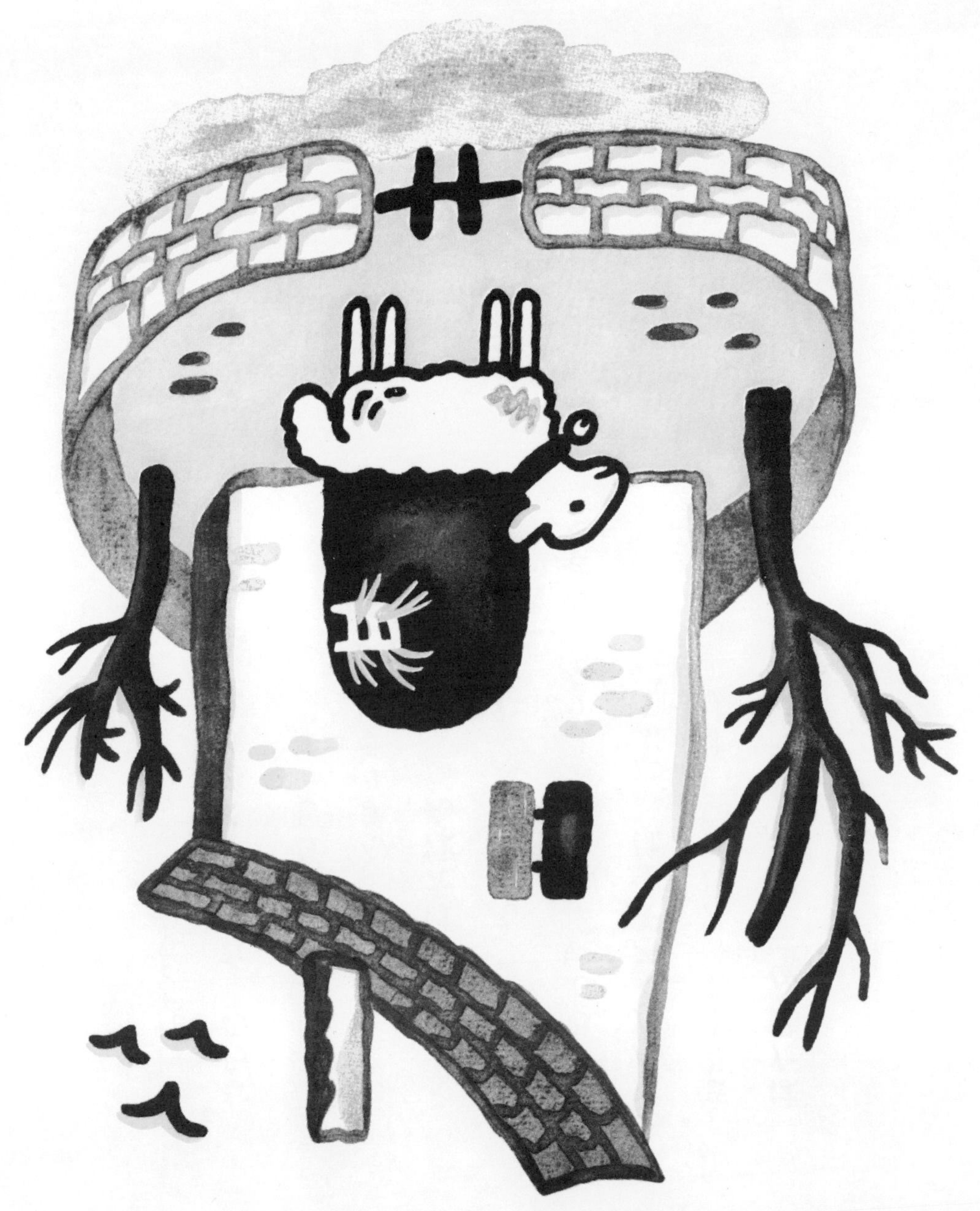

「**ぱたぽん。**」
まりーちゃんは　いいます。
「**さんたくろーす**は　たぶん、
あたらしい、おにんぎょうを　のせる
くるまを　もってきてくれるわ。
そしたら　**ぱたぽん、**
おまえが　おにんぎょうに　なるのよ。
たのしいわ、たのしいわ、
むらの　なかを　くるまを　おして
まわれるもの。」

ぱたぽんは　いいます。
「ええ、でも　わたしの　くつは　ぬげません。
だから　**さんたくろーす**は、
くりすますの　ぷれぜんと
おいてかないわ、わたしには。」

「**ぱたぽん**。」**まりー**ちゃんは　いいます。
「もしかしたら　わたし、もらえるわ、
かわいい　**いえす**さまの　かいばおけを。
おうしや　ろばや　おうさまたちも。
あかちゃんの　**いえす**さまに
おくりものを　もってくる、
おおぜいの　ちいさな　ひとたちもね。」

ぱたぽんは　こたえます。
「ええ、あなたは　もらえるでしょう、
おおぜいの　おにんぎょうの　ついた
かいばおけを。
ひつじかいや　ひつじ、
それに　おくりものを　もった
おうさまたちも。
でも　わたしは、だんろの　そばに
くつを　おくことが　できません。
だから　**さんたくろーす**は、
わたしには　なんの　**ぷれぜんと**も
おいてっては　くれないわ、
まりーちゃん。」

「**ぱたぽん**。」
まりーちゃんは　いいます。
「もしも　おまえが
とっても　おりこうに　していたら、
なにかを　もらえるわ、
きっと。」
そこで　**まりー**ちゃんは、
木(き)のくつを　つくっている
おじいさんの　ところへ　でかけます。
まりーちゃんは
ちいさな　一(いっ)そくの　くつを
かいました、**ぱたぽん**の　ためにね。

PAINT

さあ、こんやは　**くりすます・いぶ**です。
まりーちゃんは、じぶんの
一(いち)ばん　じょうとうの　くつを
だんろの　そばに　おきました。
ぱたぽんの　ために　かった
あたらしい　ちいさな　くつも、
その　そばに　おきました。
それから　**まりー**ちゃんは、
べっどへ　ねむりに　いきました。
そして　ほら！
なにが　おこったか
あなたは　わかる？

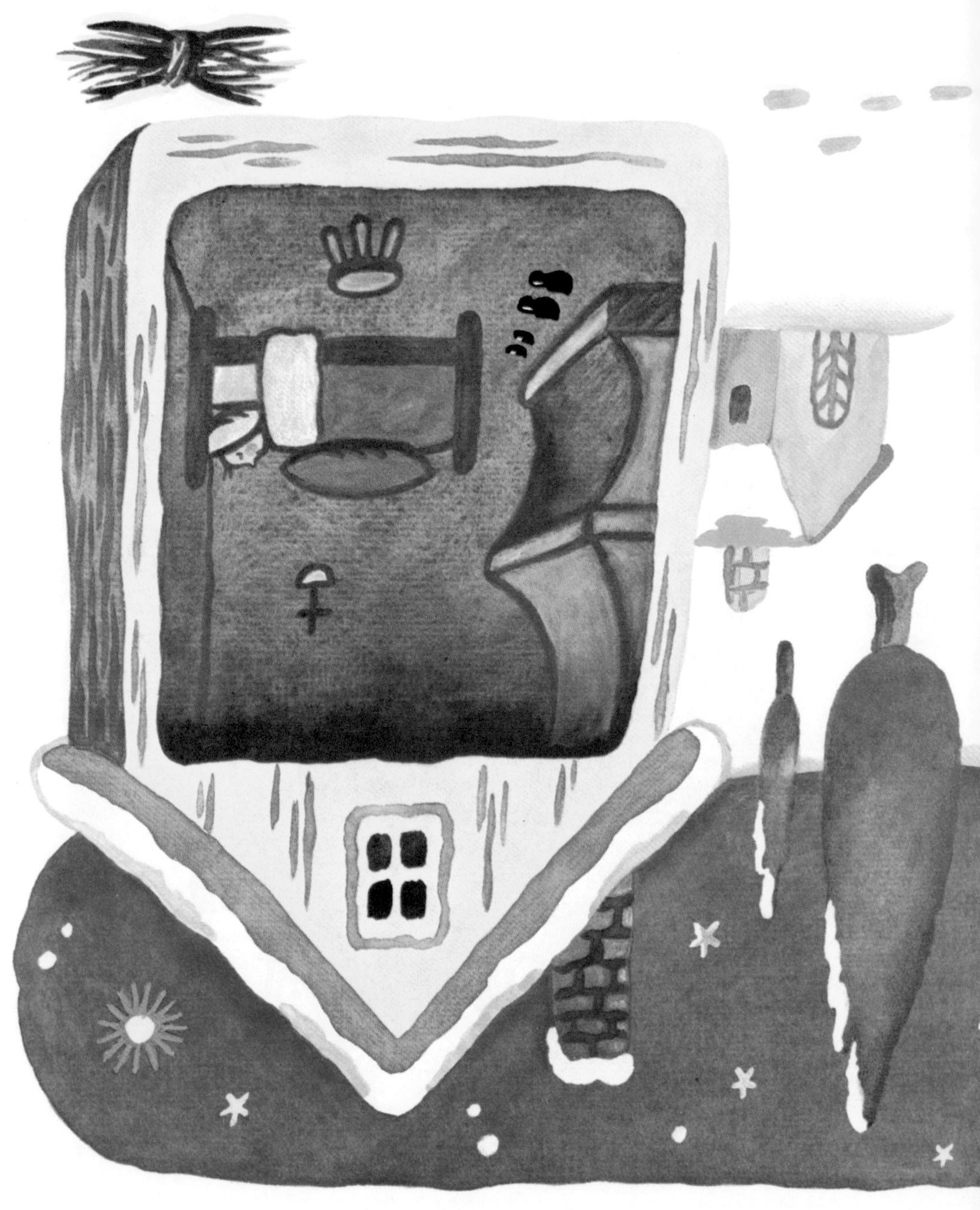

さんたくろーすが
よなかに　やってきました。

だれも　**さんたくろーす**を
みたものは　ありませんでした、
まったく　だあれも。
こひつじさえも、
ぱたぽんさえも。
だって　**ぱたぽん**は
きんちゃいろの　ほしくさの　なかで
ぐっすり　ねむって　いましたもの。

くりすますの　あさです。
すてきな　おおぜいの　おにんぎょうたちが
ほほえんで　います、
まりーちゃんの　くつの　なかで。

そして……　そして……　**ぱたぽん**の
ちいさな　木(き)のくつの　なかにも、
ぷれぜんとが　いれてあったのです。
ちょうむすびの、きいろい
さてんの　**りぼん**の　ついた
りんりんと　なる　**べる**が！

ぱたぽんは　**ぷれぜんと**が　うれしくて
ぴょん　ぴょん　とびはねました、
きんちゃいろの　ほしくさの　なかで。
りん！　りん！　りん！
ちいさな　**べる**は　なりひびきます。
くりすます！
くりすます！
くりすます！